मानव की अभिलाषा

मदन प्रसाद

Copyright © Madan Prasad
All Rights Reserved.

ISBN 979-888606016-4

This book has been published with all efforts taken to make the material error-free after the consent of the author. However, the author and the publisher do not assume and hereby disclaim any liability to any party for any loss, damage, or disruption caused by errors or omissions, whether such errors or omissions result from negligence, accident, or any other cause.

While every effort has been made to avoid any mistake or omission, this publication is being sold on the condition and understanding that neither the author nor the publishers or printers would be liable in any manner to any person by reason of any mistake or omission in this publication or for any action taken or omitted to be taken or advice rendered or accepted on the basis of this work. For any defect in printing or binding the publishers will be liable only to replace the defective copy by another copy of this work then available.

यह पुस्तक "मानव की अभिलाषा" पूरी तरह से मेरी देव तुल्य पूजनिये माँ स्वर्गीय श्रीमती सरस्वती देवी और पत्नी स्वर्गीय श्रीमती शांति देवी को समर्पित है।

मदन प्रसाद, पटना (बिहार)

क्रम-सूची

भूमिका	vii
पावती (स्वीकृति)	ix
आमुख	xi
1. सरस्वती वंदना	1
2. महामृत्युञ्जय मन्त्र	4
3. भोलेनाथ की महिमा	6
4. मिट्टी के खिलौने	10
5. धन और दौलत	20
6. बचपन	22
7. कोरोना और विश्व	23
8. इंसानियत	25
9. समय	26
10. मन	28
11. सत्य और असत्य	30
12. नरेंद्र मोदी	31
13. भारत देखो!	33
14. भारत मां !	34
15. पूरा विश्व - एक ही परिवार	36
16. मृत्यु लोक	38

• v •

भूमिका

अपने-अपने ज्ञान और मेहनत से बनाए हुए धन-झोपड़ी, महल एवं सम्पूर्ण सम्पत्ति "मानव की अभिलाषा" ही तो हैं। मनुष्य का सबसे बड़ा धन ज्ञान, सुबुद्धि, विवेक, बल, विद्या, धैर्य, धर्म, संतोष एवं त्याग में है। मनुष्य को हमेशा अपनी हद में रहनी चाहिए। मनुष्य अपना पाप लाख छुपा ले लेकिन सत्य उसे उजागर कर देता है। ऊपर बैठा मालिक सम्पूर्ण मानव का कर्म - कुकर्म और सुकर्म के चित्रों का वर्णन अपने धर्म के पन्नो पे लिख रहे हैं।

मैंने कई विचार को पढ़ा। कोई कहता है कि मनुष्य ईश्वर की कठपुतली मात्र है, तो कोई मनुष्य को अपने भाग्य का निर्माता खुद कहता है। मेरे अनुसार दोनों में कोई एक बात ही सत्य हो सकती है। अगर मनुष्य ईश्वर की कठपुतली है, तो अपने भाग्य का निर्माता कैसे करती है? यह एक विचारणीय प्रश्न है।

इस बात को थोड़ा गहराई से समझने पर यह पता चलता है कि जन्मत: तो मनुष्य ईश्वर की कठपुतली है, पर जन्म के बाद कर्म उसे खुद अपने हाथों ही करना पड़ता है। कर्म के मामले में प्रकृति ने मनुष्य को स्वंत्रत बनाया है। अत: इससे यह बात तो सिद्ध हो जाती है कि आप जैसा कर्म करेंगे, जीवन में फल भी वैसा ही आप पाएँगे।

पावती (स्वीकृति)

मेरी ममेरी बहन का लड़का श्री प्रताप कुमार जो कि एक लेखक है। उन्होने "कवियों की कविताएँ" (कविता संग्रह),"Universal Law Of Gravitation For Class 9" और "Advanced Uses Of Measurement For Class 9" जैसे काफी अच्छे पुस्तक लिखे है। उन्होने मेरे इस पुस्तक को लिखने, लेआउट और प्रकाशित कराने मे काफी मदद किये है। मैं उन्हे और उनके पुरे परिवार का सदा मंगल कामना करता हूं।

आमुख

जहां कई धर्मों का निवास स्थान है, विभिन्न धर्मों व संस्कृति का अनमोल संगम है-ऐसे ही स्थान को तो भारत-भूमि कहा गया है। जिस भूमि पर हम रहते हैं , जिसकी मिट्टी में खेल-कूदकर बड़े होते हैं तथा जिस भूमि का अन्न खाकर हम शारीरिक और मानसिक रूप से दृढ़ होते हैं, ऐसे भूमि को ही मां का दर्जा दिया जाता है।

भारत को देव भूमि भी कहा गया है। यहां समस्त देवताओं का निवास है। यही कारण है कि पाप और पुण्य का हिसाब यहां अवश्य होता है। इस भूमि पर जन्म लेना, इसकी आगोश में पालित-पोषित होकर बड़ा होना और जीवन के लिए सही मार्ग चुनना यही तो सफलता है। इस धरती पर जिसने भी पाप, कुकर्म, अन्याय आदि अधर्म किया-उसका विनाश होना तय है। वर्तमान समय में हम अपनी उस पारंपरिक और नैतिक सभ्यता को भूल चुके हैं। अब जो सभ्यता इस भूमि पर पनप रही है, वह हमारी नहीं हो सकती। वह तो दूसरी सभ्यताओं का नकल मात्र है।

इस छोटी सी पुस्तिका की रचना करते समय मेरे मन में अंतद्र्वन्द्व था कि मैं क्या लिख रहा हूँ बस यही समझता हूँ बस सत्य से परिचय करा रहा हूँ ? फिर मुझे लगा कि प्रत्येक व्यक्ति किसी अनजाने दुख से पीड़ित है। कोई सताया हुआ है, तो कोई सता रहा है। सब जानते हुए भी लोग लोभ-लालच और परिस्थितिवश अनजान बने हुए हैं। इसके अंतर्गत अपनी जीवनी देने का उद्देश्य सहानुभूति प्राप्त करना नहीं , बल्कि आपको यह बताना कि मैंने अपने जीवन में ही असत्य को पराजित होते देखा है। मेरा यह अपना अनुभव है कि अगर ईर्ष्या और लालच का परित्याग किया जाए, तो निश्चित ही अपनी सभ्यता को हम वापस लौटा सकते हैं और इस मिट्टी की खुश्बू को संपूर्ण विश्व में फैला सकते हैं।

हमारा यह प्रयास अब आपके हाथ में है। आशा है सुधि पाठक इस पर अवश्य विचार करेंगे। -**मदन प्रसाद**

1
सरस्वती वंदना

सरस्वती वंदना एक अत्यंत महत्त्वपूर्ण हिंदू मंत्र है जिसका पठन उच्च शिक्षा और बुद्धिमत्ता की प्राप्ति के लिए किया जाता है।

मां सरस्वती को विद्या और कला की देवी माना जाता है। भारत में संगीतकारों से लेकर वैज्ञानिकों तक हर कोई ज्ञान-प्राप्ति और मार्गदर्शन के लिए मां सरस्वती देवी से पूजा-प्रार्थना करता है। मां सरस्वती के भक्तगण सौभाग्य-प्राप्ति के लिए हर सुबह सरस्वती वंदना मंत्र का पठन करते हैं। हर किसी के लिए इस वंदना के - अर्थात गीत के अलग-अलग मायने हैं। अर्थात यदि एक विद्यार्थी ज्ञान प्राप्ति के लिए प्रार्थना करता है तो एक संगीतकार सुर-ताल इत्यादि की जानकारी के लिए। सरस्वती वंदना नियमित पूजा श्लोक का हिस्सा है और सरस्वती मंत्र सरस्वती सूक्तम 'ऋग्वेद' में है जो की पूरी तरह से अलग है।

या कुन्देन्दुतुषारहारधवला या शुभ्रवस्त्रावृता।
या वीणावरदण्डमण्डितकरा या श्वेतपद्मासना॥
या ब्रह्माच्युत शंकरप्रभृतिभिर्देवैः सदा वन्दिता।
सा मां पातु सरस्वती भगवती निःशेषजाड्यापहा॥1॥

अर्थ: जो विद्या की देवी भगवती सरस्वती कुन्द के फूल, चंद्रमा, हिमराशि और मोती के हार की तरह धवल वर्ण की हैं और जो श्वेत वस्त्र धारण करती हैं, जिनके हाथ में वीणा-दण्ड शोभायमान है, जिन्होंने श्वेत कमलों पर आसन ग्रहण किया है तथा ब्रह्मा, विष्णु एवं शंकर आदि

देवताओं द्वारा जो सदा पूजित हैं, वही संपूर्ण जड़ता और अज्ञान को दूर कर देने वाली मां सरस्वती हमारी रक्षा करें। ..

शुक्लां ब्रह्मविचार सार परमाम् आद्यां जगद्व्यापिनीम्।
वीणा-पुस्तक-धारिणीमभयदां जाड्यान्धकारापहाम्॥
हस्ते स्फटिकमालिकां विदधतीम् पद्मासने संस्थिताम्।
वन्दे तां परमेश्वरीं भगवतीं बुद्धिप्रदां शारदाम्॥2॥

अर्थः जिनका रूप श्वेत है, जो ब्रह्मविचार की परम तत्व हैं, जो सब संसार में फैले रही हैं, जो हाथों में वीणा और पुस्तक धारण किये रहती हैं, अभय देती हैं, मूर्खतारूपी अन्धकार को दूर करती हैं, हाथ में स्फटिकमणि की माला लिए रहती हैं, कमल के आसन पर विराजमान होती हैं और बुद्धि देनेवाली हैं, उन आद्या परमेश्वरी भगवती सरस्वती की मैं वन्दना करता हूँ ।

हे वीणा वादिनी! वर देना ऐसा,
जग में उथल-पुथल मच जाए।
हो विनाश सब असुर गणों का,
स्वार्थ, द्वेष सब नष्ट हो जाए।।
विद्या, बुद्धि, विवेक देकर,

हर प्राणी का मान बढ़ाये।
वीणा के मधुर संगीत से,
इस धरती को स्वर्ग बनाये।।

दे प्रकाश इस अंधकार में,
माँ तू अज्ञानता दूर करें।
प्रेम बढ़े हर देश दिशा में,
ऐसा सबको मजबूर करें।।

दे आशीष ऐसा माँ शारदे,
सबका तुम उद्धार करो।
मानवता की रक्षा के लिए,
दानवता का संघार करो।।

जात-पात से परे होकर,
एकता का पाठ पढ़ाये माँ।
हे माँ हमको शक्ति दो ऐसा,
सबका हम साथ निभाए।।

2

महामृत्युञ्जय मन्त्र

महामृत्युञ्जय मन्त्र या महामृत्युंजय मन्त्र ("मृत्यु को जीतने वाला महान मंत्र") जिसे त्रयम्बकम मन्त्र भी कहा जाता है, यजुर्वेद के रूद्र अध्याय में, भगवान शिव की स्तुति हेतु की गयी एक वन्दना है। इस मन्त्र में शिव को 'मृत्यु को जीतने वाला' बताया गया है। यह गायत्री मन्त्र के समकक्ष सनातन धर्म का सबसे व्यापक रूप से जाना जाने वाला मन्त्र है।

मन्त्र इस प्रकार है -

ॐ त्र्यम्बकं यजामहे सुगन्धिं पुष्टिवर्धनम्।
उर्वारुकमिव बन्धनान्मृत्योर्मुक्षीय माऽमृतात्।।

महामृत्युंजय मंत्र का अर्थ:-

त्रयंबकम- त्रि.नेत्रों वाला ;कर्मकारक।
यजामहे- हम पूजते हैं, सम्मान करते हैं। हमारे श्रद्देय।
सुगंधिम- मीठी महक वाला, सुगंधित।
पुष्टि- एक सुपोषित स्थिति, फलने वाला व्यक्ति। जीवन की परिपूर्णता
वर्धनम- वह जो पोषण करता है, शक्ति देता है।
उर्वारुक- ककड़ी।
इवत्र- जैसे, इस तरह।

बंधनात्र- वास्तव में समाप्ति से अधिक लंबी है।

मृत्यु- मृत्यु से स्वतंत्र करें, मुक्ति दें।

अमृतात- अमरता, मोक्ष।

महामृत्युंजय मंत्र का सरल अनुवाद

इस मंत्र का मतलब है कि हम भगवान शिव की पूजा करते हैं, जिनके तीन नेत्र हैं, जो हर श्वास में जीवन शक्ति का संचार करते हैं और पूरे जगत का पालन-पोषण करते हैं।

महामृत्युंजय मंत्र का जप ऐसे किया जाता है

रोज रुद्राक्ष की माला से इस मंत्र का जप करने से अकाल मृत्यु (असमय मौत) का डर दूर होता है। साथ ही कुंडली के दूसरे बुरे रोग भी शांत होते हैं, इसके अलावा पांच तरह के सुख भी इस मंत्र के जाप से मिलते हैं।

महामृत्युंजय मंत्र जप के अन्य फायदे

(1) भय से छुटकारा पाने के लिए 1100 मंत्र का जप किया जाता है।

(2) रोगों से मुक्ति के लिए 11000 मंत्रों का जप किया जाता है।

(3) पुत्र की प्राप्ति के लिए, उन्नति के लिए, अकाल मृत्यु से बचने के लिए सवा लाख की संख्या में मंत्र जप करना अनिवार्य है।

(4) यदि साधक पूर्ण श्रद्धा और विश्वास के साथ यह साधना करें, तो वांछित फल की प्राप्ति की प्रबल संभावना रहती है।

3
भोलेनाथ की महिमा

बैजनाथ धाम (देवघर) की महिम

ॐ ! ॐ !! ॐ !!! बारह ज्योतिर्लिंग में एक मनोकामना लिंग श्री बैजनाथ धाम (देवघर) , झारखण्ड राज्य में विराजमान हैं । यह मनोकामना लिंग प्राचीन काल से अब तक यहां आने वाले सभी मनुष्यों की मनोकामनाओं को पूर्ण करते आ रहे हैं ।

ऐसी मान्यता है कि यह मनोकामना लिंग लंकाधिपति रावण के द्वारा यहां लाया गया था । वैसे तो भारतीय समाज में रावण को गलत दृष्टि से देखा जाता है , पर तीन बातें जो समाज की भलाई के लिए वह हमेशा करना चाहता था , वह है -

1. पिता के रहते पुत्र की मृत्यु न हो ,
2. समुद्र का जल मीठा हो जाए ।
3. मनुष्य जीवित ही स्वर्ग लोक का दर्शन करे ।

इन तीनों बातों को अपनी जिंदगी में ही वह पूरा करना चाहता था, लेकिन - यह प्रकृति विरुद्ध था । और प्रकृति विरुद्ध कार्य करने वाला मनुष्य समाज के लिए अच्छा नहीं हो सकता । शिव लिंग के उठाते

समय ही भगवान शंकर ने कहा था कि तुम्हारे मनचाहे स्थान से पहले मुझे कहीं भी रखना मत, नहीं तो मैं वहीं का होकर रह जाऊंगा । रावण को अपने ऊपर पूर्ण विश्वास था । अतः उसने भगवान शंकर की बात मान ली और मनोकामना लिंग लेकर चल पड़ा । रास्ते में उसे लघुशंका का अनुभव हुआ ।

अब रावण परेशान होने लगा । क्योंकि शर्त के मुताबिक वह लिंग को कहीं भी रख नहीं सकता था । इधर - उधर नजर दौड़ाने पर, उसे बैजू नामक एक चरवाहा दिखाई दिया । उसने उसे बुलाकर शिव लिंग उसके हाथ में दिया और बोला कि जब तक मैं न आ जाऊं इसे रखना मत । ऐसे ही लेकर ख रहना । ऐसा कहकर रावण लघुशंका के लिए चला ।

इधर सभी देवगण यह जानते थे कि मनोकामना लिंग की सहायता से रावण प्रकृति विरुद्ध कार्य को पूरा कर लेगा, जो मनुष्य हित में नहीं है । अतः उन्होंने मां गंगा को रावण के उदर में प्रवेश करने का आग्रह किया । मां गंगा रावण के उदर में प्रवेश कर गई । दूसरी ओर बहुत देर तक इंतजार करने के बाद जी जब रावण नहीं आया तो बैजू ने मनोकामना लिंग वहीं रखकर चला गया । कार्य पूर्ण होने पर मां गंगा वापस अपने लोक को चली गईं ।

जब रावण वहां पहुंचा तो उसने मनोकामना लिंग को धरती पर रखे देखा । वह बहुत क्रोधित हुआ, लेकिन अब कोई उपाय नहीं था । उसने अपनी शक्ति अनुसार बहुत प्रयास किया, पर शिवलिंग टस से मस नहीं हुए । तब रावण पछताकर वापस लंका लौट गया ।

बैजू के द्वारा वहां स्थापित होने के कारण इस क्षेत्र का नाम बैजनाथ धाम पड़ा । इस कार्य में सभी देवों ने सहयोग किया था । अतः सम्पूर्ण देव का यह घर हो गया । इसीलिए इस क्षेत्र का दूसरा नाम देवघर भी है ।

जब यहां मनुष्य के कदम नहीं पड़े थे, तब देवताओं द्वारा प्रतिदिन शिवलिंग पर गंगाजल चढ़ाया जाता था, ऐसी मान्यता है । गंगाजल बैजनाथ धाम से 105 कि.मी. दूर है । भक्त वहां से गंगाजल उठाकर पैदल ही इस कठिन रास्ते से चलकर इस मनोकामना लिंग पर जल चढ़ाने आते हैं ।

चुकि सावन महीने भगवान भोले का पवित्र महीना है । अतः इस महीने में प्रतिदिन लाखों लोग द्वारा भगवान शिव की मनोकामना लिंग पर उत्तरवाहिनी अजगैबीनाथ का जल चढ़ाया जाता है । जो भी भक्त सच्चे मन से इस मनोकामना लिंग की पूजा करते हैं , उनकी सभी मनोकामनाएं पूर्ण होती हैं । सत्य और सच्ची प्रार्थना बाबा अवश्य सुनते हैं ।

अजगैबीनाथ का यह धार्मिक पथ 105 कि.मी. लम्बी है । इस पथ पर चलने वाले भक्त गेरुआ रंग के कपड़ों में मिलेंगे और सभी के जुबां पर ' बोल बम ' के जयकारे के सिवा कोई दूसरा शब्द नहीं मिलेगा । भक्त इस रास्ते पर चलते समय कठिनाइयों की कोई परवाह नहीं करते । अपनी मंजिल देवघर पहुंचने की लालसा के सिवा इन कावड़ियों को कुछ पता नहीं होता ।

अन्य दिनों में सुनसान दिखने वाला यह रास्ता सावन के महीने में गुलजार हो उठता है । देश ही नहीं बल्कि विदेशों से भी आने वाले कावंडियां का रंग भी गेरुआ ही होता है । यहां आकर इनकी दिनचर्या के साथ - साथ बोलचाल की भाषा भी बदल जाती है । बच्चा बम, माता बम, बूढ़ा बम, लड़का बम, चलो बम, हटो बम मतबल हर कोई बमबम रास्ते में पैदल चलने के दौरान जहां जगह मिल जाए वहीं इनका विश्राम स्थल बन जाता है । फर्श या पवित्र मिट्टी पर लेटने या बैठने में इन्हें तनिक भी संकोच नहीं होता । भले ही यहां आने वाले अनेक भक्त अपने घरों में वातानुकूलित कमरे तथा गद्दे पर होंगे, पर यहां सभी बम एक समान हो जाते हैं ।

इस कतार में चार तरह के कावरियां यात्रा करते हैं, जो निम्नलिखित है,

1. दण्डी बम
2. डाक बम
3. खड़े बम और
4. साधारण बम

1. दण्डी बम : जो अपने शरीर को जमीन पर लिटाकर पूरा रास्ता तय करते हैं उन्हें दण्डी बम कहा जाता है । यह यात्रा सबसे कष्टदायक

होता है । इस यात्रा में करीब एक माह का समय लगता है ।

2. डाक बम : 105 कि.मी. का रास्ता मात्र 24 घंटे में पूरा करने का कार्य डाक बम द्वारा किया जाता है । यह लगभग दौड़ते हुए बाबा की नगरी की तरफ चलते हैं । पुलिस वाले भी आवाज लगाकर इनको जगह देने को कहते हुए सुने जा सकते हैं ।

3. खड़े बम : जो पूरे रास्ते खड़े ही रहते हैं , उन्हें खड़े बम कहते हैं । इनका भी सफर कठिनाओं से भरा होता है । नहीं बैठने के कारण इन्हें काफी कष्ट का सामना करना पड़ता है ।

4. साधारण बम : उठते - बैठते किसी भी तरह से बाबा के दरबार में पहुंचना ही साधारण बम का उद्देश्य होता है । इनका कष्ट अन्य सभी से काफी काम होता है ।

देवघर बैजनाथ धाम , चिता भूमि है । अतः यहां मां पार्वती और भोले शंकर की असीम कृपा बरसती है । जो मनुष्य विश्वासपूर्वक इस धाम में आता है, उसकी मनोकामना अवश्य पूर्ण होती है ।

बच्चे, बूढ़े, जवान और महिलाएं सभी अपनी शक्ति और भक्ति के अनुसार पैरों में पड़े छालों की परवाह किए बिना ऐसे चलते रहते हैं, मानों इन्हें कोई तकलीफ ही नहीं है । रास्ते में बने उपचार केन्द्र इनकी मरहम् - पट्टी करते हैं । धनवान हो या गरीब रास्ते में सब एक जैसे ही हैं ।

बोलो बम ! बोल बम !

4
मिट्टी के खिलौने

अपने - अपने ज्ञान और मेहनत से बनाए हुए धन - झोपड़ी, महल एवं सम्पूर्ण सम्पत्ति "मिट्टी के खिलौने" ही तो हैं । मनुष्य का सबसे बड़ा धन ज्ञान, सुबुद्धि, विवेक, बल, विद्या, धैर्य, धर्म, संतोष एवं त्याग में है। मनुष्य को हमेशा अपनी हद में रहना चाहिए। मनुष्य अपना पाप लाख छुपा ले, लेकिन सत्य उसे उजागर कर देता है। ऊपर बैठा मालिक सम्पूर्ण मानव का कर्म - कुकर्म और सुकर्म का चित्र अपने कर्म के पन्नों पर अंकित कर रहा है।

मैंने कई विचारों को पढ़ा। कोई कहता है कि मनुष्य ईश्वर की कठपुतली मात्र है, तो कोई मनुष्य को अपने भाग्य का निर्माता खुद कहता है। मेरे अनुसार दोनों में कोई एक बात ही सत्य हो सकती है। अगर मनुष्य ईश्वर की कठपुतली है तो अपने भाग्य का निर्माता कैसे है ? यह एक विचारणीय प्रश्न है।

इस बात को थोड़ा गहराई से समझने पर यह पता चलता है कि जन्मतः तो मनुष्य ईश्वर की कठपुतली है, पर जन्म के बाद कर्म उसे खुद अपने हाथों ही करना पड़ता है। कर्म के मामले में प्रकृति ने मनुष्य को स्वंत्रत बनाया है ।

अतः इससे यह बात तो सिद्ध हो जाती है कि आप जैसा कर्म करेंगे, जीवन में फल भी वैसा ही मिलेगा।

मनुष्य का जन्म नंगे रूप में हुआ है। जन्म के समय सिर्फ मां के रूप में एक नारी प्राप्त होता है, जो मां सारा दर्द दुख कष्ट सहकर बच्चे को जन्म देती है। सत्य है कि मनुष्य न कुछ लेकर आता है और न कुछ लेकर जाता है। सिर्फ अपने कर्म का नाम कमाता है। जो भला – बुरा में नाम दर्ज होता है। मनुष्य अपने आप में होशियार और सतर्क रहता है, लेकिन प्राकृतिक नियम के अनुसार मृत्यु को प्राप्त होना ही पड़ता है। मनुष्य का जीवन एक नाटक है। जिसकी डोर संचालन कर्त्ता के पास है। संचालन करने वाले के पास समस्त मानव का पाप - पुण्य की तस्वीर जमा है। भारत ने जितना धैर्य, धर्म का पालन और अपना कर्तव्य निभाया है, उतना अन्य देश नहीं। इस भारत को लूटने वाले मुगल साम्राज्य एवं ब्रिटिश सरकार का भी अन्त हो गया। एवं इस भारत के साथ जिसने भी अधर्म अन्याय, पाप कुकर्म करेगा, उसका भी दर्दनाक अन्त होगा। क्योंकि इस भारत भूमि के अन्तर्गत धर्म, धैर्य का विशाल भंडार विद्यमान है। वर्तमान युग में मनुष्य टूट गया है। मनुष्य भटक कर अन्याय, पाप, चोरी, बेइमानी और हत्या तक कर रहे हैं। उसके बाद भी गलती पर गलती करता चला जा रहा है। मनुष्य धन के लिए पागल हो गया है। लोभ इतना की सबसे बड़ा धनी व्यक्ति मैं ही बन जाऊं। इस भारत में जिन - जिन लोगों ने, जैसे नेता, अफसर, व्यापारी या अन्य व्यक्ति अधर्म या पाप किया, वे समाप्त हो गए और समाप्त हो जाएंगे। क्योंकि ये भारत जो सोने की चिड़िया है, जो सभी को मालूम है। ये भयानक समय, ये भयानक वातावरण जो नेता अधर्म के साथ अफसर अधर्म के साथ व्यापारी अधर्म के साथ वाह रे वाह रे भारत के लोग कुछ लोगों ने समस्त भारत के जनता को अशान्त और कष्टमय जीवन जीने को बेबस कर दिया है । लेकिन और कितना भारत धैर्य , धर्म का पालन करे । पालन करते - करते मनुष्य थक कर अपने प्रभु अपने मालिक और अपने निर्माण कर्त्ता से प्रार्थना , विनती करने का श्रीगणेश कर दिया है । सत्य कोई छुपा नहीं सकता , सत्य अटल है । सत्य , जो भारत से प्राप्त हुआ है । सत्य के उदय भगवान बुद्ध ने किया । भगवान बुद्ध को इस बिहार से , पूरे विश्व में संचालित किए । जो आज पुरा विश्व शान्तिमय भगवान बुद्ध के शरण में जाकर शान्ति प्राप्त कर रहे हैं । भारत एक मां

के रूप में विराजमान है । भारत सभी देशों का सहारा किया है । भारत के पास प्रकृति का विशाल भंडार है । भारत में कई धर्मों का निवास स्थान है । आज किसी प्रकार का मतभेद , ईर्ष्या या झगड़ा है तो अज्ञानता में है । दुनियां में सबसे बड़े विद्वानों में एक विवेकानंद भी हैं । उसके बाद कई महापुरुष हुए , जो धन नहीं कमाए , वो अपने कर्म से एक बड़ा नाम कमाए । रुपया - पैसा और धन से कोई भी व्यक्ति नाम नहीं कमाया , अगर नाम कमाया है तो अपने मेहनत , अपने ईमानदारी और अच्छे व्यवहार से मनुष्य का यही तीन गुण सबसे बड़ा पूंजी है । इस भारत को मुगल साम्राज्य और ब्रिटिश सरकार ने कई वर्षों तक गुलाम रखा । जब समय आया तो हिन्दू , मुस्लिम , सीख , ईसाई ने अपने एकता के बल पर भारत को आजाद कराया । आज भारतीय और पूरा भारत में निवास करने वाले व्यक्ति , भारत को मां कहकर पुकारते हैं । भारत मां एक विशाल शक्ति के रूप में विराजमान हैं । आज मनुष्य अपना डेरा चांद पर लगाने चला है । वर्तमान युग में मनुष्य अशान्त और कष्टमय जीवन जी रहे हैं । हर परिवार , हर मनुष्य तनाव भरा जीवन जी रहे हैं । पूरा विश्व तनाव में है । 40 वर्ष पहले जो प्रेम भाव और तालमेल था , अब मनुष्य में नहीं के बराबर है । मनुष्य लोभ और स्वार्थ में पागल हो गया है । भारत के पास जो सभ्यता - संस्कृति और संस्कार धैर्य धर्म है , वो अन्य देश के पास नहीं है । ब्रिटिश सरकार और कुछ भारतीय नेताओं के गलत संस्कार और गलत इरादों ने भारत - पाकिस्तान को अशांत करके छोड़ दिया । मनुष्य गुलाम होता है । समय अपने आप सब ठीक कर देगा । भारत आज पूरे विश्व को दिखा दिया है कि भारत एक विशाल शक्ति वाला देश है । मनुष्य का वातावरण और रहन - सहन बदला सा नजर आ रहा है । अटूट विश्वास के साथ भारत धर्म पूर्वक खड़ा है । मनुष्य मिट्टी का खिलौना है , क्योंकि जन्म के बाद मृत्यु ही सच है । भारत में जो मनुष्य धर्म के साथ रहेगा , वो ही शान्ति और चैन का जीवन प्राप्त करेगा । सैंकड़ो , हजारों कहानी है कि मनुष्य आपस में लड़ाई , दंगा - फसाद , हत्या तक कर देता है , लेकिन जीत होती है सिर्फ सत्य की , धर्म की । जिनका भारत में निवास स्थान है , उसे धर्म - धैर्य के साथ ही सफलता मिलेगा । में 70 साल से भारत में बीमार , लाचार

एवं अशान्त वातावरण में जीने का माहौल ही मिला है । जनता , व्यापारी , अफसर , राज्य कर्मी एवं नेता सबके सब अशान्त दुखी और कष्टमय जीवन जीने को मजबूर हैं । सबको मिल - बैठकर सोचना चाहिए कि ऐसा क्यों हुआ ? ये बहुत बड़ी चुनौती और आश्चर्य भरी बात है । आप सभी अपने आंखों से देखते आ रहे हैं कि इसी भारत की भूमि पर स्वर्ग और नरक भी है । अपना - अपना कर्म का भोग लोगों को मिल रहा है । इस भारत की भूमि पर सभी देवी - देवताओं का निवास स्थान है । यहां कर्म के अनुसार फल प्राप्त होता है । भगवान कृष्ण ने मनुष्य की सारी पोल खोल दी है । भगवान बुद्ध ने शान्ति का पाठ पढ़ाया , जो पूरा विश्व आत्मा से अपनाया है । सभी धर्मों के लोगों में आस्था , विश्वास और अटूट एकता का परिचय है- भारत । भारत में चाहे विभिन्न धर्मों के लोग ही क्यों नहीं रहते हों , पर उनका व्यवहार , कर्म , ईमानदारी , सभ्यता - संस्कृति और संस्कार एक - दूसरे धर्म के प्रति ईज्जत करने की ही है । विश्व में भारत को सबसे ऊंचा और महान होना अनिवार्य हो गया है । भारत में सभी को मिल - बैठकर बुराई का अन्त कैसे होगा , इस पर सोचना चाहिए । जब तक बुराई नहीं समाप्त होगा , तब तक भारत अशान्त दुखी और बीमार रहेगा । बुराई का सबसे बड़ा जड़ अज्ञानता , ईर्ष्या , लोभ और अभिमान है । भारत कृषि प्रधान देश है । भारत की 70 प्रतिशत आबादी गांव में बसती है । गांव का रहन - सहन बड़ा अजीब है । भारत का पूरा शहर जनसंख्या से अशांत हो गया हैं । जो गांव में शान्ति और सुकून है , वो शहन में नहीं । मनुष्य अब शान्ति की खोज में भटक रहा है । शान्ति तो मन में बसता है । मन को शान्त या वश में जो कर लिया , वो महान बन गया । हर मनुष्य अपनी आवश्यकता बढ़ा लिया है । आवश्यकता बढ़ने से और अशान्ति पैदा हुई है । मनुष्य का मन बहुत ही चंचल है । परमात्मा ने इस मिट्टी के खिलौने में एक प्राण डाल दिया है । आज वर्तमान युग में करीब - करीब समस्थ मनुष्य अशान्त दुखी और बेचैन है । इस संसार का निर्माण करने वाले मालिक ने सोच - समझकर प्रकृति को जिम्बे कर दिया । प्रकृति ने अपना सारा कार्य , सारा कार्यक्रम सही - सही वक्त पर कर आ रहे हैं । लेकिन मनुष्य ने अपना स्वार्थ लोभ में प्रकृति को भी हाथ लगा दिया । जैसे पहाड़ से पत्थर

तोड़ना , वन से लकड़ी काटना तथा कई प्रकार की प्रकृति से छेड़छाड़ कर दिया है । प्रकृति असहाय होकर बार - बार चेतावनी और उथल - पुथल करते दिखाई पड़ रहा है । जबकि प्रकृति ने मनुष्य के लिए सुख शान्ति का खजाना का भंडार प्राप्त है । अधिक धन और लोभ में एवं रातो - रात बड़ा आदमी बनने की चाह में जीवन ही अशांत हो गया है । अब रास्ता एक ही शान्ति का , जो सिर्फ उच्च ज्ञान से , धैर्य , धर्म , संतोष , त्याग को अपनाना होगा ।। आप आज से , अभी से संतोष त्याग को अपना लें । क्योंकि विद्या सबसे बड़ी निधि है , इसका कोई अन्त नहीं है । धन का भी कोई अन्त नहीं है । ये दोनों के बाद नारी की सुन्दरता पर मनुष्य पागल हो गया है । जो पागल है , जो सनकी दिमाग के और गलत संस्कार के हैं , जो दो शादी कर लेते हैं । एक नारी की आवश्यकता तो आप पूरा नहीं कर सकते और आप दो - तीन शादी कर लेते हैं । ये कितना अशोभनीय बात है । और आप मृग - तृष्णा में फंस गए हैं । यही महादुख का कारण है । सत्युग , द्वापर , तेत्रा और कलयुग- चारों युग का समावेश है । वर्तमान कलयुग में कर्म का ही भला - बुरा फल प्राप्त होता है । जब तक मिट्टी के खिलौने में प्राण है , तब तक पत्नी - बच्चे , धन - दौलत तथा नाना प्रकार की माया आपके साथ माया जाल में फंसे हैं । प्राण निकलते ही , चंद घंटे रोते - चिल्लाने और गुण - अवगुण का ब्यान देते आपका अपना परिवार अन्तिम संस्कार में लग जाते हैं । हिन्दु धर्म के अनुसार 15 दिनों में आपका मिट्टी का खिलौना समाप्त हो गया । मृत्यु के पुनः बाद पुन : आपको जीवन मिलता है । भला - बुरा सब यहीं रह जाता है । अच्छे व्यक्ति के मरने पर समाज यही कहता है कि ओह ! बहुत भला आदमी था । बहुत लोगों का भला किया है इन्होंने यह सब कहकर अपना दुख प्रकट करता है । फिर शान्तभाव से गंभीरतापूर्वक विचार करता है , यही है मिट्टी का खिलौना । बुरे व्यक्ति के मृत्यु पर समाज के लोग सोचते हैं कि वाह ! बहुत अच्छा हुआ , जो चला गया । बड़ा दुष्ट था , बहुत लोगों सताया इसने यह बात साफ है कि समाज सिर्फ भले और बुरे ये दो लोगों को ही याद करता है ।

वर्तमान युग में धन के लिए हाहाकार मचा हुआ है । मनुष्य को प्रकृति ने सबकुछ दिया है । मनुष्य सिर्फ लोभ , मोह , माया और

मृगतृष्णा में पागल हो गया है । सफल और सुखी जीवन के लिए संतोष , त्याग और मन को वश में रखना होगा । सादा भोजन , सादा कपड़े आदि के साथ हम लोगों को सादगी में जीना चाहिए । मनुष्य अपने भाग्य का स्वयं निर्माता है । जो जैसा सोचता और करता है , वो वैसा ही बन जाता है । आज आदमी ही आदमी का दुश्मन बन बैठा है । लोग आपसी अनबन में अपने स्वार्थ की खातिर हत्या तक कर देना उचित समझते हैं । समस्या लड़ाई – झगड़े से नहीं , बल्कि आपसी तालमेल से ही हल हो सकता है । जिस भारत ने विश्व को प्रकाश दिया , कर्म और शांति का पाठ पढ़ाया – उस भारत में हत्या , लूट , चोरी , बेइमानी , डकैती , बलात्कार , ईर्ष्या , लोभ और नाना प्रकार के पाप हो रहे हैं । ऐसे में मां भारती शान्त कैसे रह सकेगी ? एक मां ही अपने बच्चों को अच्छी परवरिश दे सकती है । इसके लिए जरूरी है कि हम अपनी जन्मभूमि सद्दश मां का आदर करें । भारत अपने आप में एक महान शक्ति के साथ विकास और प्रकाश की ओर चल दिया है । आपका व्यवहार ही आपका सबसे बड़ा पूंजी है । आप स्वयं सोंचे , समस्त जीवों में मनुष्यों श्रेष्ठ प्राणी है । फिर भी मनुष्य दुष्ट प्रवृत्ति से युक्त क्यों है । पुराने समय में नारी को देवी का दर्जा प्राप्त था । लेकिन आज नए युग में लोग नारी को नए – नए नामों से पुकारने लगे हैं । ' देवी ' शब्द तो गायब ही हो गया है मानो ! भारतीय सभ्यता – संस्कृति के अनुसार नारी (विवाह के बाद भी) देवी के रूप में ही अच्छी लगती है । में आज पूरे विश्व की नजर भारत की ओर है कि अब भारत में क्या होगा ? लेकिन अब भारत संपूर्ण विश्व का गुरु होगा क्योंकि भारत में जितना पूजा , पाठ , धर्म एवं अच्छे संस्कार है , उतना अन्य देशों में नहीं । विज्ञान के क्षेत्र में अन्य देश हमसे आगे क्यों न हो जाएं , लेकिन ज्ञान में तो भारत सदा से ही आगे रहा है और आगे रहेगा । प्राचीन समय में विज्ञान में भी भारत अग्रणीय ही था । भारत वो देश है , जिसे मां का दर्जा दिया गया है । हमलोग अपने देश को भारत मां कहते हैं । अज्ञानता , अधर्म , जातिवाद , लूटपाट आदि इस देश से खत्म करना ही होगा । सरकार के साथ अगर जनता भी सहयोग दे तो देश को पुन : मर्यादित होने में एक दिन का भी समय नहीं लगेगा । अत : आइए हमलोग आपस में मिल - जुलकर इस

भारत से गंदगी को समाप्त करें । इस मिट्टी के खिलौने की पवित्रता से ही हमारी मातृभूमि भारत को गंदगी से निजात मिल सकती है । अब समय आ गया है , मां भारती को अधर्म के जंजीर से मुक्ति दिलाने का । जब - जब इस भारत पर अन्याय - अधर्म और कुकर्म बढ़ा है , स्वयं प्रकृति और परममिता परमात्मा ने किसी - न - किसी रूप में अवतरित होकर इस गंदगी का सफाया किया है । सोचें , विचार करें कि भारत मां को इस गंदगी में तड़पते देखकर आप कैसे अपना जीवन अच्छी तरह से व्यतीत कर सकते हैं ? क्या आपकी आत्मा इसे स्वीकार कर पाएगी ? आप आगे आने वाली पीढ़ी को क्या जवाब देंगे ? आप स्वयं अपने भाग्य के निर्माता हैं । भगवान सबके अंदर आत्मा रूप में मौजूद हैं । बुरे कर्म में शैतान का वास होता है । मन और आत्मा के आपसी तालमेल न होने से ही पाप का जन्म होता है । हमलोगों को मन और आत्मा को एकीकृत करना ही होगा । आज भारत की सभ्यता , संस्कृति , धर्म आदि को अन्य देशों ने स्वीकार कर अपना रहे हैं । लेकिन हमलोग स्वयं अपनी सभ्यता संस्कृति से दूर होते जा रहे हैं । आज हम अपनी पूज्य संस्कृति को छोड़ दूसरे देशों की नकल कर रहे हैं । कल तक विनम्रता हमारी ताकत थी , वहीं आज विनम्र होना कमजोर होना समझा जाता है । पश्चिम के देश इसी विनम्रता को अपनाकर अपने आपको गौरवान्वित महसूस कर रहे हैं । आपको यह समझना होगा कि नकल करने वालों की स्थिति अच्छी नहीं हो सकती । समाज में नकल करने वालों का उपहास ही उड़ाया जाता है । अतः नकल को छोड़कर अपने सभ्यता संस्कृति को पहचानने की आवश्यकता है । हमारा देश सभी तरह से धनवान है । एक ओर जहां यहां ज्ञान का भंडार है , तो दूसरी ओर प्रकृति की संपूर्णता ने इसे और भी सुंदर बना दिया है । इसी विषय को लेकर हमारे देश में एक गाना भी गाया जाता है - जहां डाल - डाल पर सोने की चिड़िया करती है बसेरा ।) वो भारत देश है मेरा , वो भारत देश है मेरा || धन्य है मां भारती ! हे भारती हमें ज्ञान , बल , विद्या , बुद्धि , विवेक , धैर्य , धर्म , संतोष , त्याग और शान्ति प्रदान करें । हिन्दु धर्म का मूल संदेश है- प्रेम , दया और क्षमा । अतः यदि आप दूसरों की मदद कर सकते हैं तो अवश्य करें , पर किसी को नुकसान कतई नहीं पहुंचाएं । महत्वपूर्ण बात तब है , जब

मूल्य परक बातें हमारे दैनिक जीवन का हिस्सा बन जाए । खुशियां पाने का तरीका पैसा और ताकत नहीं हो सकता । खुशी तो स्नेह और प्रेम की भावना से ही मिलती है । जब आप दूसरों की मदद करते हैं , तो आपको संतुष्टि मिलती है । ईश्वर स्वयं आपकी मदद भी करते हैं । मनुष्य के पास ऐसी शक्ति है , जिसका उपयोग कर वह कुछ भी प्राप्त कर सकता है । पर इसके लिए उसे अपने इन्द्रियों को वश में करना होगा । भगवान शंकर भी अपनी इन्द्रियों को साध कर ही औघड़दानी बनें । संसार की रचना करने वाले ब्रह्मा , संचालन करने वाले विष्णु तथा लय करने वाले महेश हैं । श्री नारद जी संपूर्ण संसार की आंखों देखी जानकारी इन त्रिदेवों तक पहुंचाते रहते हैं । इसी संदर्भ में एक कथा है एक बार नारद मुनि संसार का भ्रमण कर रहे थे । तभी अचानक उन्होंने देखा कि 50 वर्ष का एक किसान बैठा आसन जमाए बैठा है । उसका मजदूर पुआल को पीट - पीटकर धान निकाल रहा था । किसान बहुत गंभीर बैठा हुआ था । उसके चेहरे से चिंता की रेखाएं झांक रही थी । अचानक ' नारायण - नारायण ' की आवाज से किसान की तंद्रा भंग हुई । नारद मुनि को सामने पाकर उसने अपना सिर नवाया । नारद जी ने पूछा , ' भाई ! तुम उदास और दुखी क्यों हो ? ' किसान ने अंगोछा से आसन को साफ किया और बड़े आदर से नारद जी को बिठाया । आदर - सत्कार के बाद वह अपनी कहानी सुनाने लगा । किसान बोला , '30 वर्षों से मैं अशांत और दुखी हूं । मेरे पिता के पास 30 बीघे जमीन थी । मैं उनकी इकलौती संतान हूं । आज से 30 वर्ष पहले मेरा विवाह हुआ था , पर आज तक हम दोनों की पती - पत्नी की गोद सूनी ही है । सिर से पिता का साया उठ चुका है । अब मैं 30 बीघे जमीन का इकलौता मालिक हूं । ' किसान का दर्द सुनकर नारद जी बोले , ' ठीक है , एक महीने बाद आऊंगा । उसी समय बता दूंगा की तुम्हारे भाग्य में संतान सुख है कि नहीं । ' वहां से चलकर नारद जी सर्वप्रथम ब्रह्माजी के पास पहुंचे । ब्रह्मा जी को उन्होंने किसान के बारे बताया और पूछा कि उसके भाग्य में संतान सुख है कि नहीं ? ब्रह्माजी ने बताया कि अब से लेकर तीन जन्मों तक किसान के भाग्य में संतान का सुख नहीं लिखा है । यह सुनकर नारद जी बहुत दुखी हुए । यह अशुभ समाचार लेकर किसान के पास जाने का उनका

मन नहीं हुआ । दूसरी तरफ किसान नारद मुनि की प्रतीक्षा करते - करते थक गया । अंतत : अपना मन मसोसकर वह फिर जीवन व्यतीत करने लगा । 12 वर्ष पश्चात् नारद मुनि फिर उसी गांव में आए । उन्होंने देखा कि उसी किसान के घर में चार बच्चे खेल रहे हैं । यह देखकर नारद जी को उत्सुकता हुई कि आखिर ये बच्चे किसके हैं ? इसी उत्सुकता वश वे किसान के पास आए । किसान नारद मुनि को सामने देखकर नत्मस्तक हो गया । आदर - सत्कार के बाद नारद मुनि ने पूछा कि ये बच्चे किसके हैं ? तब किसान ने उनको अपनी कहानी सुनाने लगा । बहुत समय पहले इसी गांव में एक औघड़ आया था । किसान अपनी पत्नी के साथ उसके पास पहुंचा । प्रणाम करने के बाद दोनों ने संतान सुख से वंचित होने की बात उस औघड़ को बताई । उन दोनों की बात सुनकर औघड़ कुछ समय के लिए शांत हो गया । फिर अपनी जट्टा से किसान दम्पति के हाथ पर जल की बूंद गिराने लगा । चार बूंद जल हाथ पर गिरने के बाद किसान ने अपना हाथ हटा लिया । तब पांचवां और आखिरी बूंद जल अग्नि के कण में बदल गया । तब औघड़ बोला कि तुम दोनों को पांच संतान होंगी , जिसमें एक की अल्पकाल में ही मृत्यु हो जाएगी । ' ये चार बच्चे उसी औघड़ के आशीर्वाद स्वरूप मुझे मिले हैं । ' किसान ने सिर झुकाकर कहा । नारद किसान की कहानी सुनकर आश्चर्यचकित रह गए । ब्रह्माजी ने जिसे संतान सुख से वंचित बताया , उसको एक औघड़ के आशीर्वाद से चार - चार बच्चे हो गए ! यह कैसे हो सकता है ? इसी उधेड़ - बुन की हालत में नारद जी कैलाश पति भोलेनाथ के दरबार में जा पहुंचे । वहां पहुंचकर नारद मुनि भगवान शंकर से बोले कि हे भगवन ! जिस किसान के भाग्य में संतान सुख लिखा ही नहीं था , उसे एक औघड़ के आशीर्वाद से चार - चार संतान हुईं । क्या वह औघड़ ब्रह्मा , विष्णु और महेश से कहां है ? भी बड़ा है ? हे प्रभु ! कृपया मुझे बताएं कि वो औघड़ कौन था और अभी वह भगवान शिव मंद - मंद मुस्करा रहे थे । उनको मुस्कराता देखकर नारद मुनि क्रोधित हो रहे थे । वे जिद् करने लगे कि मुझे बताएं कि वह औघड़ कौन था ? तब भगवान शिव ने कहा , ' हे नारद जी ! आज आप इतना बेचैन होकर जिद पर क्यों अड़े हैं ? ' मैं अपनी आंखों से उस औघड़ को देखना चाहता हूं प्रभु ! ' नारद जी धैर्यपूर्वक बोले ।

भोले नाथ ने कहा , ' नारद ! तुम देख नहीं पाओगे । तुम्हारी देखने की शक्ति समाप्त हो जाएगी । ' नारद जी बोले , ' नहीं प्रभु ! मैं जब तक उस औघड़ को देख न लूं , मुझे चैन नहीं मिलेगा । ' थक - हार कर भगवान भोलेनाथ नारद जी को लेकर उस औघड़ के पास चले । रास्ते में काफी तेज वर्षा हो रही थी । दोनों भींग गए । भींगते हुए दोनों एक झोपड़ी के पास पहुंच गए । झोपड़ी के अन्दर एक औघड़ तपस्या में लीन थे । दोनों उस झोपड़ी के अंदर आए । भगवान शिव को सामने देखकर औघड़ उठ खड़ा हुआ । फिर दण्डवत प्रणाम करके अपने अंगोछे से भगवान शिव का पैन पोंछने लगा । वर्षा में भींगने के कारण भगवान शिव को सर्दी लग रही थी । यह बात उस औघड़ को समझ में आ गई थी । वह उठा और अच्छी तरह घी लगाने के बाद अपनी अपनी जटा से अग्नि उत्पन्न कर दी । औघड़ के सिर की जटा अग्नि की लपटों से लहलहाने लगा । भगवान शंकर यह देखकर मुस्कराए । फिर अपने हाथ से उस औघड़ के सिर को स्पर्श किया । अग्नि स्वतः ही शांत हो गया । नारद जी आश्चर्य से यह सब देख रहे थे । नारद को आश्चर्यचकित देखकर भगवान शिव बोले , ' नारद ! देखा ... ! ' नादर जी बोले , ' भगवन् मैं सब देख रहा हूँ । आप मेरे साथ बाहर चलें । ' नारद के साथ भगवान शिव बाहर आए और बोले , ' नारद , ठीक तो हो ? " अब नारद मुनि कुछ भी बोलने में असमर्थ थे । कुछ देर चुप रहने के बाद वे बोले , ' स्वामी , आप ही समस्त संसार के संचालन कर्ता हैं । आपकी महिमा अपरम्पार है । मैं अब सिर्फ आपके पास ही रहूंगा । आपको ही मृत्युलोक के सभी समाचार से अवगत कराऊंगा । आपकी ही सच्ची सेवा करूंगा । ' भगवान भोलेनाथ उनकी बातों पर मुस्कराते हुए बोले , ' सब कृपा दया (मां) की है । मां के आंचल में ही समस्त संसार है । '

या माते सर्वभूतेषु , दया - रूपेण संस्थिता ।
नमस्तस्यै नमस्तस्यै नमस्तस्यै नमो नमः ॥

5
धन और दौलत

धन की तीन गति है, (1)भोग, (2)दान और (3)नाश। मनुष्य के जीवन में धन की महत्व बहुत बड़ा है। धन के द्वारा विद्या, शरीर एवं कई प्रकार का मनुष्य का विकास होता है। मनुष्य का जीवन के तीन गति हैं, जीवन, मृत्यु और मरने के बाद एक छोटा सा कोना में मनुष्य का चित्र सत्य पूर्वक मनुष्य का यही तीन गति है।

ज्ञान का कोई सीमा नहीं है, लेकिन धन का भी कोई सीमा नहीं है। ज्ञान ऐसा है कि मरने तक मनुष्य सीखता है। लेकिन धन आप सीमा तक ही अर्जित कर सकते हैं। धन के लिए मनुष्य अपने जीवन में भला बुरा भी कार्य करते हैं। आपका उचित और कर्म के अनुसार अर्जित धन सुख, शांति और संतोष देता है। आज से 50 साल पहले धन का मारामारी नहीं था। कम धन में मनुष्य अधिक संतोष पूर्वक जीवन व्यतीत करते थे। जैसे-जैसे मनुष्य का ज्ञान विस्तार हुआ वैसे-वैसे मनुष्य मृगतृष्णा में धन के लिए पागल हो गया। धन सिर्फ आपकी आवश्यकता की पूर्ति करता है। धन मनुष्य की मेहनत से ही आता है। कुछ लोगों का भाग्य भी अजब साथ देता है। वह सिर्फ खेती में व्यापार में और किसी नाना-नानी से प्राप्त होता है।

सबसे बड़ा दुख की बात है, कि रातों-रात धनवान बनने के चक्कर में लोग अंधा हो चुके हैं। आज मनुष्य धन के लिए चोरी, बेईमानी, डकैती और हत्या तक कर बैठते हैं। जो अज्ञानता का पूर्ण परिचय है। मनुष्य का

जीवन 100 वर्षों का होता है, लेकिन वर्तमान समय में मनुष्य का जीवन 60 से 80 वर्षों का हो गया है। जिसका मुख्य कारण खानपान एवं जीवन में अधिक समस्या ही समस्या संतोष और त्याग बहुत कम लोगों के पास है। मनुष्य के जीवन में कई उतार-चढ़ाव आते हैं। गरीबी अमीरी का खेल पहले भी था और अब भी है। आप बहुत धनवान है, लेकिन आपका पूजा घर गांव और जिला भर में ही होता है। आप अपने धन के बल पर अभिमान से जीवन जीते हैं, लेकिन ज्ञान और विद्या वाले को भारत या पूरा संसार में पूजे जाते हैं एवं वह हमेशा स्वाभिमान से जीवन जीते हैं।

धन और ज्ञान दोनों का मिलना तय है लेकिन आप से निवेदन है कि सबसे पहले ईमानदार सत्य पूर्वक बनिए दूसरा आप स्वयं मेहनत कीजिए एवं तीसरा अच्छा व्यवहार करके देखिए अगर तीनों गुण हो जाएगा तो आप स्वयं धनवान, विद्वान और कर्मठ बन जायेंगे। ज्ञान की सीमा नहीं है। धन के द्वारा आप धनवान ही बन सकते हैं।

अतः आपसे अनुरोध और विनती है कि स्वयं आप भारतीय संस्कृति, सभ्यता, संस्कार एवं प्रेम की व्यवहार की धारा में चलें क्योंकि भारत के पास बहुत कुछ हैं।

6
बचपन

जीवन का श्रेष्ठ समय बचपन है। बचपन का मन उमंग, उत्साह, पढ़ाई, खेलकूद एवं बचपन का मन बहुत चंचल और उत्साह से भरा होता है। बच्चे का हर बचपन अपने माता पिता का प्यारा होता है। बचपन की गलतियां को मां-पिता डांट कर क्षमा कर दिया करते फिर प्यार प्रेम से समझ ही लेते है। बचपन में किसी प्रकार की चिंता और फिक्र नहीं होती है। चिंता रहता है, पढ़ाई की लेकिन जो बच्चे ईमानदारी पूर्वक पढ़ाई करते हैं। वह ज्ञानी और आदर्श बन जाते हैं। बचपन का हर क्षण चंचलता से भरा होता है। मुझे भी बचपन की समय याद है। जो बचपन की समय याद आता है, तो मैं आनंदमय हो जाता हूं। बचपन सत्य रूप से आनंदमय और शांतिमय होता है। बचपन मूल्यवान और आदर्श का समय होता है। बचपन का मन बड़ा और संतोष से भरा होता है।

7
कोरोना और विश्व

सत्य बहुत परेशान था, आज भी रो रहा है सत्य काफी परेशानी में है। आज संसार के प्रत्येक व्यक्ति असानत और तनाव में है। भारत के साथ पूरा विश्व विकास किया है। यह सत्य है, लेकिन पाप का भार धरती माता सहते - सहते रोने लगी और सत्यवान सीता को धरती मां अपने साथ ले गई पाप का फल एक कोरोना स्वरूप बीमार पूरे विश्व को हिला दिया है। मनुष्य को मनुष्य अलग कर दिया। समज में अब नहीं आ रहा है कि अब क्या होगा पूरा प्रकृति गुस्सा में है। प्रकृति भी अपना रूप सत्य रूप से अवश्य दिखाएगा। क्योंकि मनुष्य अपना स्वार्थ में प्रकृति को भी लूटा है। इतना लूटा कि प्रकृति भी अशांत महासंकट में आ गया। जब - जब आपका भार धरती पर पड़ता है। तबतक स्वयं धरती अपना सब कुछ स्वस्थ कर लेती है। क्योंकि समस्त मानव प्रकृति से सत्य रूप से सीधा संपर्क है, जो हवा पानी, धूप और ऑक्सीजन मनुष्य को मुफ्त में मिला है, लेकिन मनुस्मृति रचना में, लोगों में और पाप ही पाप में लगा हुआ है, यह करोना पुरा समस्त मानव को अब सत्य एवं सही दिशा में ले जाएगा। आज से पचास साल पहले जो सभ्याता, संस्कृति और संस्कार था। वह समाप्त हो गया है। 50 साल में पूरा विश्व दूषित हो गया है। मनुष्य का जीवन भी कमजोर हो गया है। विश्व का कुल आबादी में मात्र 30% ही मनुष्य स्वस्थ एवं सत्य की राह पर है। जिसमें जवान, किसान एवं मजदूर सबसे अधिक स्वस्थ हैं।

मनुष्य के पास और अंतिम समय है, जो सत्य और सही दिशा में ही शांति मिलेगा, क्योंकि हर एक व्यक्ति को अपने मन को पवित्र करना होगा। भूत, भविष्य और वर्तमान की तीनों में एक जो वर्तमान है। वर्तमान को आप ठीक कीजिए। वर्तमान में आप सत्य के साथ चलिए। सत्य ही आपको सारा सुख, आनंद और उत्साह देगा। क्योंकि सत्य बहुत ही परेशानी में था और है, लेकिन कोरोना से कुछ बदल दिया है और बदल देगा। अब आप अपने ज्ञान के सहारे बदल जाइए। क्योंकि सत्य के साथ भगवान का सहारा होता है। सत्य ही संसार का संचालन करता है। सत्य ही मनुष्य का अपना है। सत्य ही जीवन, मृत्यु, लाभ, हानि और जस - अपजस है। विधाता के द्वारा ही सत्य का निर्माण हुआ है। आप जो भी अच्छा कर्म करते हैं। उसमें सत्य का ही शक्ति प्राप्त है। असत्य ही आपको और अधर्म और अन्याय की राह दिखाता है। जो कष्ट, दुख, दर्द और अशांति का मार्ग दिखाता है। आप मनुष्य हैं, जो समस्त जीव प्राणी में श्रेष्ठ है। आपके ऊपर एक विधाता है। जहां सारा पाप पुण्य की तस्वीर जमा है। आप शीघ्र नहीं अभी से सत्य का उपयोग कीजिए। आपको सारा सुख - शांति मिल जाएगा। मनुष्य के जीवन में दुख और सुख का समय आता जाता रहता है। आप धैर्य से धर्म से और सत्य से अपना जीवन जियें। आपको आनंद ही आनंद प्राप्त होगा। अपना सारा कर्म, सत्य के साथ अपनायें। यही मार्ग आपको अपने जीवन में सफल बनाएगा।

8

इंसानियत

भारत माँ की चरणों में अपना शीश झुकाया ।
इस मिट्टी की खुश्बू को विश्व में फैलाया ।।
वह है एक इंसान जिसने इंसानियत को जगाया ।
स्वार्थ , ईर्ष्या , लोभ से हटकर नया मार्ग बनाया ।।
जात - पात से ऊपर उठकर एकता का पाठ पढ़ाया ।
मेहनत - ईमानदारी का भाव सबके दिल में जगाया ।।
दूर होने लगी गांव में बिजली - पानी की समस्या ।
आजादी के बाद अब हुई जनता की पूरी तपस्या ।।
शहीदों की आत्मा को भी जिसने सम्मान दिया ।
देशभक्ति की खातिर जिसने सबकुछ त्याग दिया ।।
जब छाया था अंधकार , सूरज बनकर आया ।
देश की जनता के स्वाभिमान को जगाया ।।

9
समय

मनुष्य मृत्यु से भयभीत है। लेकिन सन 2020 एक महासंक्रमण करोना पूरे विश्व को रुला दिया। भारत के साथ पूरा विश्व में मौत का सिलसिला जारी है। मानव के जीवन में सत्य ही सबसे बड़ा शक्तिशाली है। मनुष्य के जीवन में कई उतार-चढ़ाव और दुख-सुख आता है। मनुष्य का सबसे बड़ा पूंजी सबसे बड़ा धन सत्य और उत्तम व्यवहार ही है।

भारत की सभ्यता संस्कृति संस्कार पूरे विश्व में महान और सबसे बड़ा शक्ति का भंडार था। लेकिन भारत के लोग भी पश्चिमी देश का नकल करके भारत को भी गंदा कर दिया। मनुष्य का सबसे बड़ा पूंजी सत्य आचरण, सभ्यता, संस्कृति और संस्कार है। अज्ञानता के कारण मनुष्य कष्ट और महाकष्ट में है। अहिंसा, सत्य धर्म, धर्म, धैर्य ही मनुष्य का सबसे शक्तिशाली धन है। प्रत्येक मनुष्य का मन आत्मा और कर्म दूषित हो गया है। कुछ ही मनुष्य जिसके कारण संसार चल रहा है। लेकिन अब विधाता कितना आंखें मुन्दे अब उनका आंख खुल गया है। प्रकृति अब सारा संसार को शुद्धीकरण कर देगा। इतना बड़ा ब्रम्हांड बनाने वाले और संचालन करने वाले स्वयं हलचल में है। क्योंकि मनुष्य अपने-अपने कर्म से भटक गया है, इस धरती को स्वर्ग ही स्वर्ग बनाया गया था। लेकिन मनुष्य का कर्म ने नर्क भी बना डाला। अज्ञानता में मनुष्य चोरी, बेईमानी, डकैती, हत्या, अपहरण, बलात्कार और मृगतृष्णा में पागल हो गया है। अहिंसा उच्च कर्म का ही देश था

भारत l

भारत को जो-जो ठगा है, वह समाप्त ही हो रहा है। समय सबसे बड़ा बलवान होता है। भारत में गलत ढंग से मुगल साम्राज्य और ब्रिटिश साम्राज्य कब्जा तो कर लिया, लेकिन सत्य का समय आया और दोनों समाप्त ही हो गए। आजादी के बाद जो-जो भारत विकसित हुआ वह भारत अपने अच्छे कर्मों के कारण ही आज समस्त समाज और दुनिया में जाना जाता है।

संसार का संचालन कर्ता को शत-शत नमस्कार मनुष्य का कर्म ही सब कुछ है, मेरे साथ संसार के समस्त मानव अशांत और कई प्रकार की समस्या से अधिक अशांत हैं। मृत्यु का भय सभी को है। लेकिन जीवन में लाभ-हानि एवं जस-अपजस यह विधाता के हाथ में है, मात्र 50 वर्षों में संसार का सारा मनुष्य का रहन सहन और सारा वातावरण बदल गया मनुष्य के अधर्म के कारण प्रकृति की आत्माएं रोने लगा विधाता सब कुछ देखते हुए बहुत ही प्रेम से करोना नामक महामारी पूरा संसार को महाशांति के साथ गंभीर परेशानी दे डाला है। पाप अधर्म अन्याय और कुकर्म पहाड़ जैसा बन गया जबकि तुलसीदास, रामायण और हनुमान चलीसा में सत्य पूर्वक यह दोहा चौपाई दोहा मनुष्य के उपकार के लिए बता कर चले गए लेकिन मनुष्य अपने कर्मों से बाज नहीं आया।

10
मन

मानव के शरीर में 'मन' सबसे शक्तिशाली है। मन की गति इस संसार में सबसे तीव्र है। किसी भी अच्छे - बुरे भाव का जन्म मन में होता है। अतः हम यह कह सकते हैं कि मन ही अच्छाई और बुराई का जन्मदाता है। मन में अनेक प्रकार की बातें जन्म लेती हैं। मन के द्वारा ही मानव भला - बुरा साबित चंचल है। इस महान भारत के पास आज एक अरब चालीस करोड़ की आबादी है। इस आबादी का 10 प्रतिशत के मन में भी अगर बुराई का समावेश है, तो उनकी आबादी लगभग एक करोड़ चालीस लाख है। और इन्हीं गलत लोगों ने समस्त मानवता को खतरे में डाल रखा है। इन्होंने ही वातावरण को अशान्त बना दिया है। जो भी मनुष्य धार्मिक, धैर्यवान और कर्मठ हैं, उनके मन में भी कुछ क्षण के लिए गलत बातें अवश्य आती होंगी लेकिन उनकी आत्मा मन की इस बुराई को बाहर निकाल देती हैं। कहने का तात्पर्य यह है कि प्रकृति ने मनुष्य को एक विशाल शक्ति का भंडार दे रखा है। अगर उस शक्ति का आप सही उपयोग करते हैं, अर्थात सही दिशा में कर्म करते हैं - तब आप पूरी मानवता के लिए महान बन जाते हैं। आज पूरे विश्व में जितने भी महान व्यक्ति हुए हैं, उन पर यही बात लागू होती है। आप भी महान बन सकते हैं, लेकिन सर्वप्रथम अपने मन को वश में करें। मन में बुरे विचारों को रोकें। बुरे विचार सिर्फ आपके लिए ही नहीं, सबके लिए विनाश कारक है ।

मनुष्य का मन बहुत चंचल है इतना चंचल की और कोई नहीं मन में ही अच्छा खराब की सबसे पहली उत्पत्ति होता है। मनुष्य अपना मन का सुधार और मन को सत्य की ओर ले जाए तो मनुष्य भगवान का अवतार हो जाएगा। क्योंकि पाप और पुण्य की उत्पत्ति मन में ही सबसे पहले आता है। हमेशा अपने मन को सुधार कर रखना चाहिए। क्योंकि आपका शरीर में तीव्र गति से चलने वाला मन है।

मन के हारे हार मन के जीते जीत। मन आपका और मेरा क्या होता है। मन में हमेशा कुछ ना कुछ होते रहता है मन क्या सोचा सही है तो आप सफल हो जाते हैं। लेकिन मन का सोच अगर गलत है, तो आप अन्याय कर्ता बन जाते हैं। आपका सोच सत्य की ओर है, तो आपका मन आपको सफल बना देता है। मन की सोच और सक्षम आपको अच्छा और खड़ा बना देता है। यही सत्य है। आप विद्यार्थी हैं, आप सोचते हैं, मैं सबसे बड़ा विद्वान बन जाऊं तो आपको मन मार कर पढ़ाई में मेहनत करना होगा। आपको विद्या अर्जित करना होगा। आपको सत्य के साथ मन आत्मा को एक करना होगा। तब आप विद्वान बन जाएंगे यही सत्य है।

सत्य ही आपको आपके मन आत्मा को महाशक्ति सहारा करते हैं। आप आज देखिए आज आपके अंदर विधाता ने आपको बहुत कुछ दिया है। आप स्वयं सर्वशक्तिमान बन सकते हैं। अपनी मेहनत और ज्ञान से आपका मेहनत आपको सफलता अवश्य मिलेगा। हमेशा आप अपने मन में अच्छी बातें डालें क्योंकि मन ही आपके संपूर्ण जीवन में साथ निभाता है।

आज भारत के साथ समस्त विश्व अशांत ही अशांत है और कई प्रकार की समस्या से समस्त मानव बेचैन है। आपका दिल 24 घंटा में 86400 बार पंप करता है दिल का पंप करना बंद तो आप मृत्यु के कगार पर चले जाते हैं। अपने मन को एकत्रित करें और अपने मन को अपने बस में रखें तभी आपको अपनी मंजिल मिल सकती है। तभी आप अपने सफलता सरल और सहज रूप से प्राप्त कर सकते हैं, यही जीवन का उत्तम मूल मंत्र है 1

11
सत्य और असत्य

इस मृत्यु लोक में मनुष्य मृगतृष्णा में जीवन जी रहे हैं। मृगतृष्णा मनुष्य को अशांत कर देता है, और जीवन भर मनुष्य भर भटकता रहता है। लेकिन इस भारत की भूमि पर कर्म ही महान है। कर्म के द्वारा ही मनुष्य दुख-सुख प्राप्त करता है। भगवान कृष्ण सत्य पूर्वक समर्थ मानव को कर्म का खेल दिखा कर और बता कर, महाभारत की पुस्तक आज पढ़ने योग्य है।

सुशांत एक कर्म का नाम है, जो अपने कर्म से महान बना, इस कलयुग में अधर्म अन्याय किया और कुकर्म का बोलबाला मनुष्य अपना लिया है। जो सुशांत को समाप्त कर दिया लेकिन सुशांत अमर हो गया जो सुशांत को मृत्यु के दरवाजे पर लाया होगा। वह भी दर्द भरा मृत्यु प्राप्त करेगा जो कि विधाता का सत्य पूर्वक यही नियम कानून है।

भारत पूरे विश्व में एक अनमोल धार्मिक देश है, जो भारत को सत्यमेव जयते, भारत मां की जय, सुशांत का जन्म और बड़ा कल कलाकार के रूप में हुआ होगा। क्योंकि भारतीय संस्कार का यही विधाता का नियम है। आज मनुष्य अपना जीवन अभिमान के द्वारा जीता है, लेकिन स्वाभिमान में जो मजा है, वह अभिमान में नहीं है।

आज भारत नया दौर में नया भारत बनने को तैयार है। अब सत्य और सही दिशा में समस्त भारतीय को चलना होगा क्योंकि सत्य में ही सारा सुख आनंद और उत्साह है।

12
नरेंद्र मोदी

भाई श्री नरेन्द्र मोदी जी को प्रणाम!
भारत मां के चरणों में तुम अपना शीश झुकाया है ।
इस मिट्टी की खुशबू को पूरे विश्व में फैलाया है ।।
है तुम बड़ा इंसान जो इंसानों को बचाया है ।
इस संस्कृति और संस्कारों का सम्मान बढ़ाया है ।।
आजादी के बाद एक नया भारत बनाया है ।
बिना स्वार्थ, मोह, माया, लोभ के तुम नया इतिहास बनाया है ।।
भारता को तुमने एक नया दौर में लाया है ।
आजादी में मरने वाले आत्मा को तुमने मलहम लगाया है ।।
सूरज की तरह एक समान सभी को प्रकाश दिखाया है ।
जात - पात, धर्म सब भुलाकर एकता का पाठ पढ़ाया है ।।
भारत मां के चरणों में तुम अपना शीश झुकाया है ।
मेहनत, ईमानदारी और अच्छा व्यवहार का पाठ पढ़ाया है ।।
सत्य अहिंसा और धर्म - धैर्य को नरेन्द्र मोदी ने अपनाया है ।
मेहनत की कड़ी कसौटी पर चलकर अपना भाग्य बनाया है ।।
अन्धकार से प्रकार की ओर कदम बढ़ाया है ।
प्रकाश है वीर पुरुष वही जो नरेन्द्र मोदी कहलाया है ।।
भारत मां के मान - सम्मान और स्वाभिमान को बढ़ाया है ।
भारत मां के चरणों में तुम अपना शीश झुकाया है ।।

-भारत मां की जय ! वन्दे मातरम् !! जय हिन्द !!!

13

भारत देखो!

देखो भारत के इस भूमि को,
जहां मां के पवित्र गोद में,
बित्ता हो बचपन सारा।
देखो भारत की हरियाली को,
जहां हर जगह हरा भरा है,
विविधता से भरा पड़ा है।
देखो भारत के नागरिकों को,
जहां एक साथ रहते हैं,
जो सब का सम्मान करते हैं।
देखो भारत के नदियों को,
जो सतत बहती रहती है,
जो ना रुको करती है।
देखो भारतीय मां को,
जिनके आंचल की छांव में,
पलता है वीर सपूत सारा।
देखो भारत की संस्कृति को,
जहां मां-बाप का मान है,
गुरुजनों का सम्मान है।

14
भारत मां !

भारत मां की आंचल में एक अरब 35 करोड़ लगभग जीवन पल रहा है। अपना जीवन जीने के लिए अपना कर्म में दिन - रात लगा रहता है। मनुष्य अपने भाग्य का निर्माता स्वयं है। भारत मां के पास सत्य, अहिंसा, धर्म, धैर्य, सभ्यता, संस्कृति एवं संस्कार का अनमोल खजाना है। भारत मां की आजादी में हिंदू, मुस्लिम, सिख, ईसाई, चारों भाई मिलकर अपना-अपना जान गवाई। भारत को मुगल साम्राज्य, ब्रिटिश सरकार एवं कई संगठन ने धोखा एवं लूटने का कार्य किया था। भारत ही कई धर्मों का संगठन एकता का देश है। भारत अकेला देश है, जो सबका भलाई और इज्जत किया है। सत्य रूप से भारत में देवी देवता एवं विधि विविधता का निवास स्थान है। आज पूरा विश्व अशांत है। अशांति का कई कारण है। मैं सत्य रूप से बताना चाहता हूं कि कर्म ही सब कुछ है।

भारत मां कई वर्षों से अपना कष्ट दर्द पीड़ा सहते रही थी। मां के साथ कई गरीब भी दर्द में था सिर्फ अज्ञानता में भारत कमजोर पड़ जाता है, पूरा विश्व स्तर पर संचालित हो रहा है। अज्ञानता में लोग मृगतृष्णा एवं क्रोध का पाप स्वयं मनुष्य भोग रहा है। जो भारत के पास है, वह अन्य देश के पास नहीं है। भारत कृषि प्रधान देश है। भारत के पास प्रकृति का अनमोल खजाना है। मनुष्य के पास तीन ही गुण होना अनिवार्य है, पहला इमानदारी दूसरा मेहनत एवं तीसरा अच्छा व्यवहार। अब का भारत अपने पहले का भारत में बहुत फर्क है। आज भारत पूरा विश्व को

बता दिया है कि सावधान मैं सत्य पर हूं। मैं परेशान हो सकता हूं लेकिन जीत मेरी होगी। आप भी हमारे साथ आइए और पूरा विश्व से अज्ञानता समाप्त कीजिए। मनुष्य यहां कुछ देने आया था, लेकिन मृगतृष्णा के कारन मनुष्य आज अपना फल भोग रहा है।

आईए पूरा विश्व मिलकर अन्याय और अधर्म, पाप और अज्ञानता को समाप्त करें। पूरा विश्व स्वर्ग था। लेकिन कुकर्म करके मनुष्य नर्क बना दिया है। मैं आज अपना सत्य, धर्म, धैर्य और ईमानदारी पर जिंदा हूं। क्योंकि मनुष्य भूल गया है कि इस मृत्युलोक पर मुझे मरना भी है। आपका ज्ञान ही आप को महान बना सकता है। विधाता ने पूरा विश्व को प्रतिदिन नई ज्ञान, नई ऊर्जा, नई अविष्कार और नई प्रकाश देता रहा है। अपने आपको सबसे अच्छा मानकर स्वयं में अभिमान है, आप स्वाभिमान मत बनिए क्योंकि स्वाभिमानी के पास ज्ञान, सत्य और भक्ति का अनमोल खजाना नहीं होता है। मैं भारत मां को धन्य मानता हूं, की मां के साथ कई मनुष्य है कि सत्य, धर्म, धैर्य और अपना इमानदारी पर खड़ा है। भारत को पहचानना होगा। भारत के साथ प्रेम पूर्वक और सत्य पूर्वक हाथ मिलाना होगा। मैं अपनी विधाता से और मैं अपने प्रकृति से प्रार्थना करूंगा कि मुझे स्वयं एवं समस्त मानव को शक्ति एवं सही दिशा में ले चलिए। यही मेरी सच्ची अभिलाषा और प्रार्थना है। समस्त मानव को बल, बुद्धि और विद्या दीजिए।

15

पूरा विश्व - एक ही परिवार

पूरा विश्व की आबादी करीब 7 अरब है। करीब 7 जनवरी 2020 में एक दर्दनाक करोना महासंक्रमण बीमारी के रूप में आगमन हुआ। चीन, रूस, फ्रांस, इटली, जापान, अमेरिका और भारत के साथ छोटे बड़े सभी देशों में मानव का मौत का सिलसिला बढ़ता ही जा रहा है। आज भारत के साथ समस्त देश तबाही और दर्दनाक वातावरण में मनुष्य अपना जीवन जी रहे हैं। कोरोना का आगमन दर्दनाक और महाप्रलय का तस्वीर विश्व के सामने भी विराजमान है। चीन में बाबा भोलेनाथ हर हर महादेव कैलाश पति का निवास स्थल कैलाश है। आज प्रकृति भी मनुष्य को सजा देने को तैयार है। जब - जब इस धरती पर पाप, अन्याय और अधर्म, अहिंसा, हत्या, डकैती, चोरी, बेईमानी एवं कई प्रकार की असभ्यता है। कोरोना मनुष्य को अपना जीवन अभिमान के साथ जीना शिखा रही हैं। स्वाभिमान की कथा कहानी समाप्त के बराबर है। अपना अपना - सुरक्षा के लिए सभी देशों ने महाकाल एटम बम और कई प्रकार की अस्त्र-शस्त्र बनाकर इकट्ठा किए हुए थे। एक दूसरे देश एक दूसरे देश को धमकी दे रहा था। जिससे भारत और पाकिस्तान दोनों देश में वर्तमान में प्रतिदिन पाकिस्तान अन्याय का दान कर रहा है। जिसका आंखों देखा हाल पूरा विश्व देख रहा है। आइए आगे क्या - क्या होने वाला है। मनुष्य प्राणी

ने पूरा विश्व को महासंकट में डाला है। मनुष्य अगर प्रकृति का नियम कानून पालन करता तो आज पूरा विश्व शांति में, विकास में और समृद्ध में होता। विधाता स्वयं भी गुस्सा में थे। आज महाप्रलय के रास्ता मां को ना बना दिया है। कोई भी अप्राकृतिक घटना अगर विश्व में घटेगा तो विधाता छोड़ेंगे नहीं। क्योंकि सत्य ही शिव है, शिव ही सुंदर है और सुंदर ही, शिव है। पूरे विश्व का वातावरण और वायुमंडल दूषित ही नहीं जरीला बन गया है। जिसका उदाहरण विधाता ने कोरोना स्वरूप में उत्पत्ति कर दिए हैं। अब पूरा विश्व को समाप्त करके ही विधाता शांत होंगे। जल्द और शीघ्र कष्ट को दूर करने के लिए पूरा विश्व को अब सत्य और सही दिशा में चलना ही अब शांति का मार्ग होगा।

16
मृत्यु लोक

इस मृत्यु लोक में मनुष्य अपना सत्य कर्म छोड़ अपना असत्य कर्म से नाता जोड़ लिया है। भारतवर्ष जिसे भारत मां कहकर लोग करते हैं। पूरा विश्व में भारत एक अनोखा देश है, जो प्रकृति से प्रेम और प्यार करता है। प्रकृति और विधाता का सीधा संपर्क है। सत्य से भारत ही नहीं पूरा विश्व संचालित हो रहा है। मृत्यु से समस्त मानव भयभीत होता जा रहा है। जो मृत्यु ही सत्य है। भारत की भूमि पर सत्य और असत्य का लेखा-जोखा एवं कर्म का हिसाब अवश्य होता है। मनुष्य अपने भाग्य का विधाता स्वयं है। कर्म के द्वारा मनुष्य अच्छा बुरा बनता है। मनुष्य का जन्म मनुष्य का मृत्यु दोनों सत्य है। मृत्यु का भय समस्त मानव को है। लेकिन कुछ मनुष्य को मरने की इच्छा होते हुए भी मृत्यु प्राप्त नहीं होता है। क्योंकि वह अपना शरीर से लाचार और बीमार है। हर क्षण विधाता को याद करता है, कि मुझे अब शीघ्र आत्मा को निकाल दें। आत्मा मिट्टी के खिलौने को और तड़पाता है, कि तुम असत्य और कुकर्म किए हो। सजा पूरा होते ही आत्मा शरीर को छोड़कर भाग जाता है। आत्मा तो अजर और अमर है। इस मृत्यु लोक में ही स्वर्ग और नर्क है। कुकर्म, अधर्म, अन्याय और अज्ञानता की देन है। भारत की भूमि पर सत्य, अहिंसा, ईमानदारी, सभ्यता, संस्कृति और संस्कार ही अच्छा व्यवहार की पहचान थी, और स्वर्ग था। धीरे-धीरे मनुष्य गलत पर गलत, अधर्म, अन्याय करके धनवान तो बन गए। लेकिन इंसान नहीं बन पाए। मनुष्य

का कर्म ही महान इंसान और भगवान भी बना सकता है। सत्य बहुत परेशान और अशांत हो सकता है, पर सत्य अमर है।

www.ingramcontent.com/pod-product-compliance
Lightning Source LLC
LaVergne TN
LVHW041716060526
838201LV00043B/765
* 9 7 9 8 8 8 6 0 6 0 1 6 4 *